Heyne Ex Libris

KONFUZIUS
Die Weisheiten des Meisters KUNGTSE

Ausgewählt und herausgegeben
von
Manfred Kluge

Illustriert
mit Meisterwerken der
chinesischen Malerei

Wilhelm Heyne Verlag
München

HEYNE-EXLIBRIS
09/202

Umschlagfoto: Kulturgeschichtliches Bildarchiv Claus
und Liselotte Hansmann, Stockdorf
Umschlaggestaltung: Atelier Ingrid Schütz, München
Printed in Germany 1986
Gesamtherstellung: Pustet, Regensburg

ISBN 3-453-42142-6

Mit fünfzehn Jahren
richtete ich meinen Sinn auf das Lernen;

Mit dreißig stand ich fest;

Mit vierzig war ich von Zweifeln frei;

Mit fünfzig erkannte ich den Willen des Himmels;

Mit sechzig ward ich hellhörig;

Mit siebzig Jahren
folgte ich dem Trieb meines Herzens,
ohne den Weg zu verlassen.

Inhalt

Vorwort 9

Selbstzeugnisse 15
Weisheit und Wahrheit 25
Bildung und Wissen 35
Menschlichkeit und Sittlichkeit 43
Familie, Staat und Politik 55
Der edle Mensch 69
Lebensregeln und Lebensweisheiten 83

Quellen- und Literaturverzeichnis 99

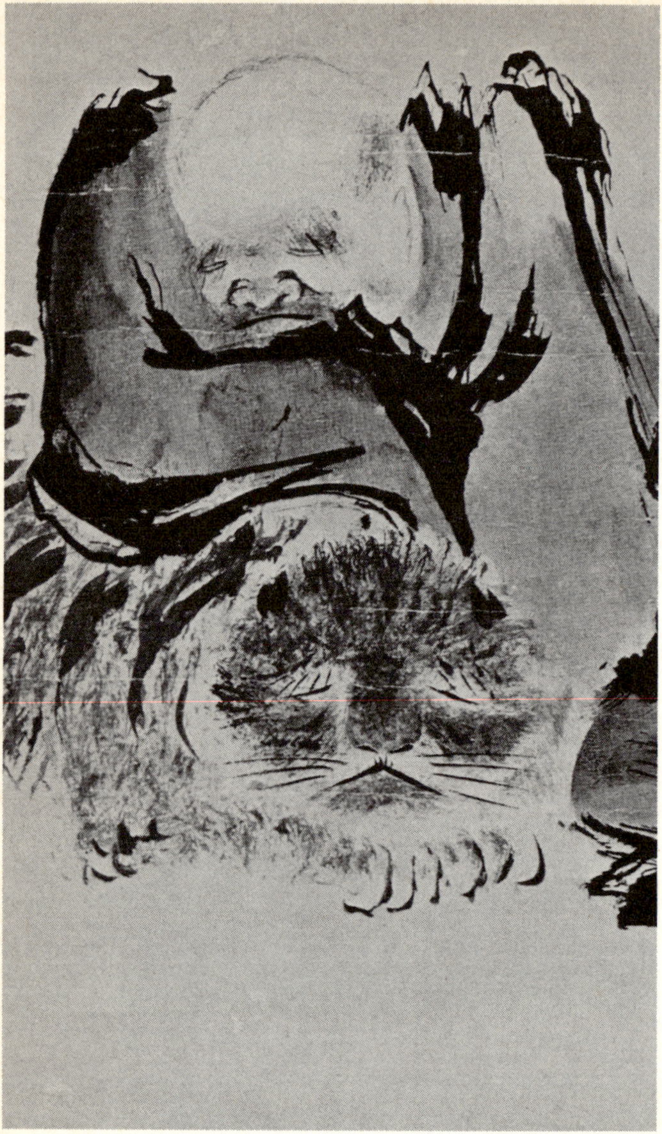

Vorwort

Konfuzius, einer der großen Weltweisen, der Zeitgenosse von Buddha und Pythagoras, lebte und lehrte ein halbes Jahrtausend vor Christus im Nordosten Chinas.

Der Name Konfuzius ist die latinisierte Form des chinesischen K'ung-fu-tse oder kurz K'ung, das heißt Meister Kung. Von seinem Leben, das von zahllosen Legenden umrankt ist, wissen wir wenig. Dennoch sind die Spuren seiner Erdentage auch nach zweieinhalb Jahrtausenden noch nicht ganz verwischt.

Konfuzius wurde im Jahre 551 v. Chr. in der kleinen Stadt Tsou im Staate Lu im Westen der heutigen Provinz Schantung geboren. Schon mit drei Jahren verlor er seinen Vater, der Gouverneur von Tsou war und seine Familie in ärmlichen Verhältnissen zurückließ. Seine Jugend war hart und reich an Entbehrungen. Der Überlieferung nach trat Konfuzius mit siebzehn Jahren in den Dienst seines Landesherrn und übernahm das Amt eines Aufsehers der Kornspeicher. Mit neunzehn heiratete er, doch scheint seine Ehe nicht besonders glücklich gewesen zu sein. Als im Jahre 528 seine Mutter starb, zog er sich von seinen Ämtern zurück und widmete sich ausschließlich seinen Studien.

»Ich bin nicht mit der Kenntnis der Wahrheit geboren worden. Ich liebe das Altertum, und mein ganzes Streben geht auf die Erforschung der Wahrheit«, heißt es im Lun Yü. Durch unermüdlichen Lerneifer erwarb sich Konfuzius ein gründliches Wissen auf allen Gebieten. Seine Bildung war umfassend. Er hatte das zweiundzwanzigste Lebensjahr erreicht, als seine öffentliche Lehrtätigkeit begann. Die Schar seiner Schüler wuchs, und bald drang sein Ruf als Lehrer über die Grenzen seiner engeren Heimat hinaus. Die verworrene politische Lage gestattete es ihm freilich nicht, seine Ideen im Staatsdienst öffentlich zu erproben.

Erst im Jahre 501 – Konfuzius war bereits einundfünfzig Jahre alt – berief ihn der Landesherr von Lu zum Gouverneur von Tschung-fu. Kurze Zeit später wurde er zum Minister für öffentliche Arbeiten und schließlich zum Justizminister ernannt. Doch mußte er bald erkennen, daß auch dieses Amt ihm nicht erlaubte, die von ihm geforderten Reformen durchzuführen. Schon nach drei Jahren fiel er bei seinem Fürsten in Ungnade und verließ resigniert das Land.

Nun begann für den Meister ein unstetes Wanderleben. Volle dreizehn Jahre zog Konfuzius durch die verschiedenen Städte und Staaten des damaligen China, begleitet von seinen treuesten Schülern. Aber niemand wollte seine Dienste in Anspruch nehmen. Wo immer er sich um ein Amt bewarb – er wurde abgewiesen oder mit vagen Versprechungen hingehalten. Es war eine Zeit bitterer Erfahrungen. Alle Bemühungen, seine Ideale in öffentlichen Ämtern zu verwirklichen, schlugen fehl. Demütigungen, Enttäuschungen, Spott und Intrigen überschatteten sein freiwilliges Exil.

Im Jahre 488 kehrte Konfuzius wieder in seine Heimat nach Lu zurück. Er war jetzt siebenundsechzig Jahre alt und fest entschlossen, sich fortan nur noch dem Studium des Altertums zu widmen, das er zeitlebens so geliebt hatte. Bis zu seinem Tode im Jahre 479 arbeitete er an seinem großen Lebenswerk, der Sichtung und Sammlung der Überlieferungen seines Volkes und der Herausgabe der alten klassischen Literaturdenkmäler seines Landes.

Voll düsterer Gedanken starb Konfuzius im dreiundsiebzigsten Jahr seines Lebens. Noch kurz vor seinem Tode soll er diese erschütternden Verse geschrieben haben:

Ohne Einsicht sind die Menschen
Und erkennen nicht, wer weise,
Schnell vergehen seine Jahre,
Und er wird zum Greise.

Konfuzius selbst hat nichts Schriftliches hinterlassen. Was wir über sein Leben und seine Lehre wissen, erfahren wir aus zweiter und dritter Hand – aus Aufzeichnungen, die von Schülern und Schülern seiner Schüler schriftlich festgehalten wurden. Daraus entstand das Lun Yü, eine Sammlung von Aussprüchen, Gesprächen und Lehrreden des Meisters, die in loser Form ohne jede Ordnung aneinandergereiht sind.

Mit altchinesischen heiligen Schriften und späteren konfuzianischen Texten wurden die Lehrreden des Meisters zur Grundlage der klassischen Bildung in China. Die Lehre des Konfuzius läßt sich mit dem chinesischen Wort ›Dschen‹ zusammenfassen, was soviel heißt wie Menschlichkeit, Liebe, Humanität.

Den besseren, höheren Menschen, Meister Kungs Erziehungsideal, zeichnet dreierlei aus: »Wissen, das nicht in Zweifel schwankt; Menschenliebe, die frei von Leid ist; Mut, der sich nicht fürchtet.«

Seine Moral- und Staatslehre gründet auf dem Individuum und der Familie: »Ist das eigene Leben gesittet, dann ist die Familie geregelt; ist die Familie geregelt, dann ist das Reich in Ordnung; ist das Reich in Ordnung, dann herrscht Friede in der ganzen Welt.«

Im Lun Yü tritt uns Konfuzius als ein dem praktischen Leben zugewandter Philosoph entgegen, für den Philosophieren mehr war als eine abstrakte Wissenschaft – als ein Weiser von hohem sittlichen Ernst, der nicht müde wurde, die Menschen im Sinne der konfuzianischen Lehre zu erziehen und auf den Weg der Wahrheit zu führen. Es lag ihm fern, als Religionsstifter aufzutreten, auch wenn spätere Jahrhunderte ihn wie einen Heiligen verehrten und sein verpflichtendes Geisteserbe zur Staatsreligion erhoben. Was er lehrte, war vernünftige Welt- und Menschenkenntnis, eine tiefe Lebensweisheit, die über die Jahrtausende hinweg nichts von ihrer Lebendigkeit verloren hat.

Selbstzeugnisse

Der Meister sprach:
»Selbst in einem Weiler von nur zehn Häusern wird es Leute geben, die so treu und ehrlich sind wie ich, aber keinen, der so lernbegierig ist wie ich.«

Der Meister sprach:
»Wenn ich still der Erkenntnis nachgehe und unablässig lerne und unermüdlich andere lehre, was kann mir dann geschehen?«

Der Meister sprach:
»Niemandem habe ich je Belehrung vorenthalten, mag es mir auch noch so geringen Lohn gebracht haben.«

Der Meister sprach:
»Wer nicht ernsthaft strebt, dem eröffne ich nichts. Wer nicht sorgfältig im Ausdruck ist, dem helfe ich nicht fort. Habe ich jemandem eine Ecke gezeigt, und er kann daraus nicht die drei anderen Ecken ableiten, dann wiederhole ich nicht.«

Der Meister sprach:
»Könnte man Reichtum leicht erlangen, so würde ich es tun, wenn ich auch deswegen Pferdeknecht werden müßte, da man ihn aber nicht erlangen kann, ziehe ich es vor, meinen Neigungen nachzugehen.«

Der Meister sprach:
»Glatte Worte, gekünstelte Manieren und übertriebene Höflichkeit sind Dinge, deren sich Dso Kui Ming schämte. Ich schäme mich ihrer auch. Seine Abneigung gegen jemand verhehlen und freundlich mit ihm tun: auch dessen schämte sich Dso Kui Ming. Auch ich schäme mich dessen.«

Dsi Lu fragte:
»Wenn der Meister ein Heer zu führen hätte, wen von uns nähme er zu seinem Unterfeldherrn?«
Der Meister sprach:
»Wer mit der bloßen Faust einen Tiger angreift, einen Fluß ohne Boot überquert und sein Leben ohne Grund gefährdet, den würde ich nicht nehmen. Wer mich begleitet, muß ein Mann sein, der sich der Schwierigkeiten jeder übertragenen Aufgabe bewußt ist, der vorsichtig abwägt und das Unternommene auch zu Ende führt.«

Der Fürst von She fragte den Dsi Lu nach seiner Meinung über Meister Kung. Dsi Lu gab keine Antwort.
Der Meister sagte:
»Warum hast du nicht einfach gesagt, er ist ein Mensch, der in seinem Drang nach Wahrheit das Essen und in seiner Freude an der Erkenntnis alle Sorgen vergißt und nicht merkt, wie das Alter herankommt?«

Der Meister sprach:
»Es war mir noch nicht gegeben, einen guten Menschen zu finden. Wäre es mir gegeben, einen Menschen zu finden, der unablässig seinem Ziel nachstrebt, wäre ich schon zufrieden. Wer aber nichts hat und so tut, als ob er hätte, wer aber leer ist und so tut, als sei er voll, wer aber eng ist und so tut, als sei er allumfassend, der dürfte wohl schwerlich unablässig seinem Ziel nachstreben.«

Der Meister sprach:
»Mag das Gute auch noch so fern von mir sein, wenn ich ernsthaft danach strebe, ist es da.«

Der Meister sprach:
»Ich sage nie von vornherein: dies ist möglich, jenes ist unmöglich!«

Der Meister sprach:
»An Bildung bin ich vielleicht anderen gleich. Wenn ich auch mit ganzer Kraft danach strebe, ein Edler zu sein, so habe ich es doch nicht erreicht.«

Der Meister sprach:
»Besitze ich die Erkenntnis? Ich besitze sie nicht, aber wenn ein schlichter, unwissender Mensch zu mir kommt und in aller Einfalt eine Frage stellt, dann suche ich sie von Anfang bis zu Ende zu ergründen.«

Der Meister sprach:
»Wenn meinem Leben noch viele Jahre zugefügt werden könnten, würde ich fünfzig Jahre lang das heilige Buch der Wandlungen studieren. Dann wäre ich wohl frei von den größten Irrtümern.«

Der Meister sprach:
»Mit grobem Reis als Speise und klarem Wasser als Trank, dem gebogenen Arm als Kopfkissen könnte ich noch fröhlich sein, denn unrechtmäßig erlangter Reichtum und Ruhm sind für mich wie flüchtige Wolken.«

Der Meister sprach:
»Es mag wohl Leute geben, die handeln ohne zu wissen, warum. Ich bin nicht so. Viel hören und das Gute auswählen und verfolgen, viel sehen und im Gedächtnis bewahren, das kommt der Erkenntnis am nächsten.«

Ein Mann aus Ta-hiang sagte:
»Groß fürwahr ist Meister K'ung. Zwar ist er hochgelehrt, doch hat er sich durch keine besondere Kunst berühmt gemacht.«
Als das der Meister hörte, sprach er zu seinen Schülern:
»Was soll ich ergreifen? Hätte ich zwischen Wagenlenken und Bogenschießen zu wählen, würde ich Lenken wählen.«

Der Meister sprach:
»Wenn wir zu dreien miteinander gehen, so habe ich immer zwei Lehrer unter meinen Reisegefährten. Das gute Beispiel des einen kann ich nachahmen und das schlechte des anderen kann ich meiden.«

Der Meister sprach:
»Ich wage keinen Anspruch darauf zu erheben, den Charakter eines untadeligen, vollendeten Mannes zu haben oder im Besitz echter Menschlichkeit zu sein. Ich scheue nur keine Mühe, danach zu streben und bin unermüdlich darin, andere zu lehren, gleichfalls danach zu streben – das vielleicht kann man von mir sagen.«

Der Meister sprach:
»Ich grolle dem Himmel nicht, ich klage die Menschen nicht an; mein Forschen befaßt sich mit gewöhnlichen Dingen, doch meine Gedanken dringen empor zu den ewigen Prinzipien. Wer mich versteht, ist allein der Himmel.«

Der Meister sprach:
»Mit den Tieren des Feldes und Vögeln in der Luft kann man doch nicht zusammenleben. Wenn ich nicht mit den Menschen zusammenleben kann, mit wem soll ich dann Gemeinschaft haben?«

Der Meister sprach:
»Wenn ich meine Belehrungen nicht solchen erteilen kann, die die maßvolle Mitte halten, soll ich dann mich an Stürmische oder Zaghafte wenden? Die Stürmischen werden alles an sich reißen und die Zaghaften werden immer etwas ungetan lassen.«

Der Meister sprach:
»Tse-kung, du glaubst wohl, daß ich unendlich viel gelernt und im Gedächtnis hätte?«
Jener antwortete:
»Ja, oder ist es nicht so?«
Der Meister sprach:
»Mitnichten. Ich suche alles in einem zu begreifen.«

Der Meister sprach:
»Ich möchte am liebsten gar nichts sagen.«
Tse-kung erwiderte:
»Wenn du, lieber Meister, nichts sagst, was sollen wir Schüler dann überliefern können?«
Der Meister antwortete:
»Spricht denn der Himmel? Die vier Jahreszeiten nehmen ihren Lauf und alle Wesen leben, doch ohne daß der Himmel etwas spricht.«

Der Meister sprach:
»Ich habe manchmal einen ganzen Tag lang nicht gegessen und eine ganze Nacht lang nicht geschlafen, um nachzudenken, und doch war es nutzlos. Weit besser ist es, zu lernen.«

Der Meister sprach:
»So fließt alles dahin wie dieser Fluß, ohne Aufhalten Tag und Nacht.«

Ein Schüler sagt zu dem Meister:
»Darf ich mir erlauben, nach dem Wesen des Todes zu fragen?«
Da antwortet Kungtse:
»Wenn man noch nicht das Leben kennt, wie sollte man den Tod kennen?«

Der Meister ist schwer krank, und die Schüler befürchten seinen Tod. Sie sprechen schon über das Begräbnis, sie wollen den Meister so ehrenvoll bestatten, als sei er ein Fürst. Dessen Sarg pflegte von den Ministern geleitet zu werden, so wollen die Jünger denn die Minister spielen. Kungtse hört davon, und er weist sie zurecht:
»Wozu unaufrichtig sein! Ich habe keine Minister, und ihr wollt so tun, als hätte ich welche. Wen wollt ihr denn damit betrügen? Wollt ihr etwa den Himmel betrügen? Und dann: ich sterbe doch ebenso gern in den Armen meiner treuen Jünger als in den Armen von Ministern. Und bekomme ich kein Begräbnis wie ein Fürst, auf der Landstraße sterbe ich ja auch nicht gerade.«

Weisheit und Wahrheit

Nur die höchsten Weisen
und die größten Narren
stehen unverändert.

Siehst du einen Weisen, so strebe danach, ihm gleichzukommen; begegnest du einem Toren, so gehe in dich und prüfe dich selbst.

Der Weise ist in seinem Wesen ausgeglichen und großherzig, der Gemeine ist immer in sorgenvoller Aufregung.

Wer unter Weisheit die wahre Weisheit versteht und sich von der Sinnlichkeit abwendet, wer mit ganzem Herzen seine Eltern liebt und dem Dienst für seinen Fürsten sein ganzes Leben weiht, wer zu seinen Freunden immer die Wahrheit spricht, den mag man für ungebildet erklären, ich würde ihn dennoch gebildet nennen.

Den Weisen meistert das Pflichtgefühl, den Gemeinen der Gewinn.

Ist der nicht ein wahrer Weiser, der nicht schon vorher Täuschung vorausahnt und vorher befürchtet, daß niemand aufrichtig ist, sondern der, wenn es soweit ist, dies alsbald fühlt?

Mit einem Mann nicht zu reden, mit dem sich reden läßt, bedeutet, einen Menschen verlieren. Mit einem Manne zu reden, mit dem sich nicht reden läßt, bedeutet, seine Worte vergeuden. Der Weise läßt keinen Menschen verloren werden, aber vergeudet auch keine Worte.

Der Weise will in seinen Worten behutsam und in seinen Taten schnell und geschickt sein.

Der Weise hat in seinem Wandel in dieser Welt für nichts eine einseitige Zuneigung oder ausschließende Abneigung. Sein Lebensgefährte ist allein die Pflicht.

Der Weise lenkt sein Denken auf den tugendhaften Wandel, der Gemeine auf irdisches Glück. Der Weise bejaht das Gesetz, der Gemeine die Gunst.

Wer nicht gut ist, wird wohl nicht lange Zeit im Elend leben, doch seine Freude wird auch nicht lange währen. Wer gut ist, ist zufrieden, gut zu sein. Der Weise wird daher unablässig danach streben, gut zu sein.

Manches keimt und kommt nicht zur Blüte. Manches blüht und kommt nicht zur Reife. So geht es auch manchmal dem Weisen.

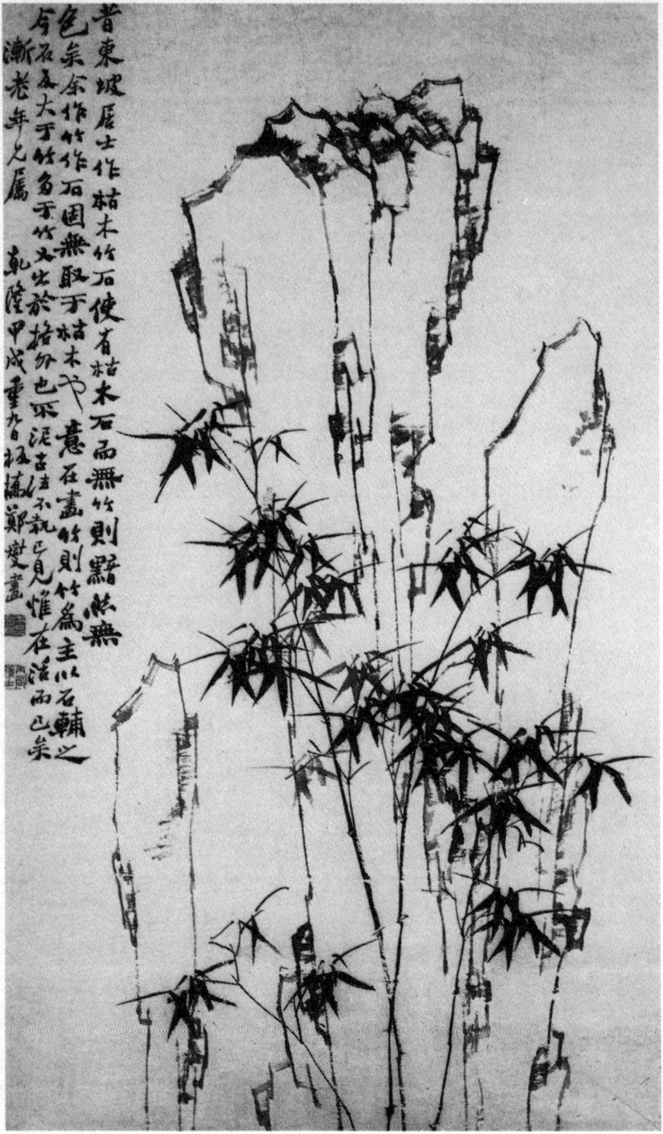
昔東坡居士作枯木竹石使有枯木石而無竹則黯然無
色矣余作竹作石固無取于枯木也意在畫竹則竹為主以石輔之
今石反大于竹多于竹又出於格外也不泥古法不執己見惟在活而已矣
漸老年兄屬
乾隆甲戌重九板橋鄭燮畫

Mit einem, der sich über den Durchschnitt erhebt, kann man von höheren Dingen reden. Mit einem, der unter dem Durchschnitt steht, kann man nicht von höheren Dingen reden.

Ich verstehe nicht, wie ein Mensch überhaupt ohne Wahrheit sein kann. Wie kann ein Ochsenkarren ohne Joch und ein Pferdewagen ohne Kummet sich überhaupt bewegen?

Ein Schüler des Meisters fragte:
»Warum hat man dem Minister Kung vom Staate We nach seinem Tode den Ehrentitel ›der Weise‹ gegeben?«
Der Meister sprach:
»Er war ein Mann von großem Fleiß, der immer bestrebt war, sich zu bilden. Er schämte sich nicht, sich auch von Leuten belehren zu lassen, die an Bildung unter ihm standen. Deshalb erhielt er nach seinem Tode den Ehrentitel ›der Weise‹.«

Ein weiser Mensch soll sich in der Großmut auszeichnen. Seine Last ist schwer und der Weg weit; die Menschenliebe ist seine Last, und ist sie nicht schwer? Der Tod bietet ihm ein Ziel, aber ist es bis dahin nicht noch weit?

Der Weise freut sich am Wasser und der Gütige am Gebirge. Der Weise regt sich, und der Gütige lebt in Ruhe. Der Weise ergötzt sich an vielem, und der Gütige erfreut sich eines langen Lebens.

Besser als die Wahrheit kennen ist:
die Wahrheit lieben.
Besser als die Wahrheit lieben ist:
Freude an ihr zu haben.

Wer sein ganzes Denken nur auf ewige Wahrheiten richten will, aber errötet, wenn er schlechte Kleider trägt und ärmliche Nahrung genießt, ist noch nicht reif, das Wort der Wahrheit zu vernehmen.

Wer die Erkenntnis hat, ist frei von Zweifel.
Wer gut ist, ist frei von Kummer,
so wie der Tapfere frei von Furcht ist.

Dem Menschen gegenüber die Pflicht erfüllen, den übernatürlichen Kräften Ehrfurcht erweisen und ihnen respektvoll fernbleiben, das nennt man Weisheit.

Dem Betrug nicht begegnen und dem Mißtrauen nicht aus dem Wege gehen, wer dieses vermag, darf mit Recht weise genannt werden.

Drei Dinge kennzeichnen den Weisen, deren ich nicht fähig bin. Menschenliebe ohne Betrübtsein, Weisheit ohne Zweifel, Mut ohne Furcht.

Wer nicht in die Fußtapfen eines anderen tritt, der wird auch nicht zur Wahrheit eingehen.

Mache Treue und Aufrichtigkeit zur Hauptsache, habe keine Freunde, die dir nicht ebenbürtig sind, und wenn du gefehlt hast, so scheue nicht, es wieder gut zu machen.

Schätze Wahrhaftigkeit über alles; erwähle niemanden als Freund, der dir nicht ebenbürtig ist; strauchelst du, so scheue dich nicht, dich zu bessern.

Schätze Wahrhaftigkeit als die vornehmste Lebensnorm und wähle nur den als Freund, der dir innerlich gleichkommt; scheue dich nicht, einen Fehler wieder gutzumachen.

Aufs Ziel losstürmend und doch nicht zielbewußt, unwissend und wiederum nicht vorsichtig, einfältig sein und keine Wahrhaftigkeit besitzen, ich weiß nicht, wie man solche Leute belehren soll.

梅傳喜訊
竹報平安
寫於香江

蒼野小亭斜日影
來山翠色最怡人
乙卯年仲冬
畫于雪松軒
公甫

Sich an seine geistigen Anlagen klammern, ohne sie zu erweitern; an die Wahrheit glauben, ohne sich an ihr zu erwärmen; wie kann ein solcher glauben, er hätte die Wahrheit? Oder kann er glauben, daß er sie nicht hat?

Mit manchen kann man eifrig streben, doch nicht mit ihnen zur Wahrheit vordringen. Mit manchen kann man zur Wahrheit vordringen, doch nicht mit ihnen in ihr feststehen. Mit manchen kann man in ihr feststehen, doch sie nicht meistern.

Wer in der Frühe die Wahrheit vernimmt, der darf des Abends schon sterben.

Die Menschen können den Weg der Wahrheit verherrlichen. Nicht aber verherrlicht die Wahrheit die Menschen.

Die Wahrheit auf der Straße hören und wiederum sogleich auf der Straße weitergeben: heißt nichts anderes, als die Tugend wegwerfen.

Wenn die Wahrheit sich ausbreiten soll, so ist dies der Wille des Himmels. Wenn die Wahrheit untergehen soll, so ist dies der Wille des Himmels.

Wer den Weg kennt, ist nicht mit dem zu vergleichen, der ihn mit Interesse erstrebt; wer ihn mit Interesse erstrebt, ist noch nicht so weit wie der, der in ihm lebend sich an ihm ergötzt.

Bildung und Wissen

Seinen Weg fest im Auge haben, sich auf die Tugend stützen, sich an die Menschenliebe klammern, in der Kunst sich erfreuen, darin liegt das Ideal der Bildung.

Wer als Gebildeter sich nur in seinem Hause wohlfühlt, für den reicht es noch nicht, daß man ihn für einen Gebildeten hält.

Wissen, was man weiß,
und wissen, was man nicht weiß,
das ist wahres Wissen.

Forschen ist mehr als Wissen.
Heiteres Erkennen ist mehr als Forschen.

Dsi Lu fragte:
»Wie muß man beschaffen sein, um als gebildet gelten zu können?«
Der Meister sprach:
»Wer gemessen, aufgeräumt und freundlich ist, den kann man gebildet nennen. Auch Freunden gegenüber sei er gemessen und aufgeräumt, und auch dem Bruder gegenüber freundlich. Wer nur an die Bequemlichkeiten des Lebens denkt, kann nicht wahrhaft gebildet sein.«

In Stille nachdenken, geduldig Wissen erwerben und dies unermüdlich andere lehren: das ist nicht zu lernen, das muß man haben.

Wo ein Gebildeter weilt,
ist die Roheit machtlos.

Die Gelehrten der alten Schule lernten, um sich selbst zu vervollkommnen. Die Gelehrten von heute lernen für die Menschen.

Begabt sein und doch den Unbegabten befragen; viel besitzen und wiederum vom Besitzlosen lernen; trotz charakterlicher Reife sich für unreif halten; angegriffen werden und doch nicht auf sein Recht bestehen! Ich hatte früher einen Freund, der diesen Leitsatz befolgte.

Den edlen Menschen, dessen Streben nicht dem Sattessen gilt, der sich nicht nur in einer bequemen Wohnung wohlfühlt, in seinen Handlungen besonnen ist, und seine Worte abwägt, der im Verkehr mit gebildeten und charakterfesten Freunden sich zu bilden bemüht, nur den kann man als einen das Lernen Liebenden bezeichnen.

Wer täglich weiß, was er nicht kann, und monatlich nicht vergißt, was er sich erworben, nur von dem kann man sagen, daß er das Lernen liebt.

Liebe zur Weisheit ohne Liebe zum Lernen birgt in sich das Unheil der Blindheit: die oberflächliche Weitschweifigkeit.

Etwas lernen und mit der Zeit darin immer geübter werden, ist das nicht auch eine Freude? Wenn dann von fern her Gleichgesinnte kommen und zu Freunden werden, ist das nicht auch Freude? Vom anderen aber nicht erkannt, und doch nicht verbittert werden, ist man dann nicht erst recht ein Edler?

Haltet fest, was ihr gelernt habt, und lernt immer von neuem; dann werdet ihr auch die anderen belehren können.

Lerne immerfort, wie wenn du dein Ziel noch nicht erreicht hättest und immer besorgt wärest, die Früchte deines Lernens zu verlieren.

Lernen ohne eigenes Nachdenken führt zum Nichtwissen; Nachdenken ohne Lernen birgt in sich Gefahr.

Wer täglich weiß, was er nicht kann, und monatlich nicht vergißt, was er sich erworben, nur von dem kann man sagen, daß er das Lernen liebt.

Wenn das Wissen eines Menschen für das Ziel ausreicht, sein sittlicher Charakter das Erreichte aber nicht festhalten kann, dann wird er es, mag er es auch gewinnen, doch verlieren. Wenn sein Wissen für das Ziel ausreicht, und sein sittlicher Charakter es festhalten kann, wird das Volk ihn doch nicht respektieren, wenn er es nicht kraftvoll leiten kann. Wenn sein Wissen ausreicht, sein sittlicher Charakter das Erreichte festhalten kann, und er das Volk kraftvoll leiten, aber nicht anleiten kann, die Sitte zu achten, ist er noch immer nicht gut.

Bei der Belehrung
gibt es keine Klassenunterschiede.

Unendlich viel lernen und doch den Willen fest auf ein Ziel richten, scharf disputieren und doch immer an den Nächsten denken, darin liegt Güte.

Selten lernt einer drei Jahre,
ohne Früchte zu ernten.

Wer mit reiner Aufrichtigkeit das Lernen liebt, und bis zum Tode auf dem Wege des Guten bleibt, wird nicht in den Dienst eines stürzenden Staates treten und wird in einem gesetzlosen Staate nicht verweilen. Wenn die Welt von Gesetz erfüllt ist, dann tritt er hervor, wenn die Welt im Argen liegt, verbirgt er sich. In guten Zeiten arm und klein zu sein, ist eine Schande, in sittenlosen Zeiten reich und groß zu sein, ist eine Schande.

Wer sich eine umfassende Bildung aneignet und sich in den Schranken der guten Sitten hält, wird wohl kaum vom rechten Wege abirren.

Menschlichkeit und Sittlichkeit

Nur ein Mann von wirklicher
Menschlichkeit kann wahrhaft lieben
und hassen.

Ist denn Menschlichkeit gar so fern und schwer?
Wenn man sie nur ernsthaft erstrebt, so findet
man Gelegenheit, sie zu üben.

Die Menschen fürchten die Menschlichkeit mehr
als Feuer und Wasser. Wohl habe ich Menschen
durch Feuer und Wasser sterben sehen; aber noch
nie habe ich jemand sterben sehen, weil er
menschlich gehandelt hat.

Ich kenne niemanden,
der die inneren Werte eines anderen ebenso
schätzt
wie dessen schöne Gestalt.

An einem Rennpferd
preist man nicht seine Stärke,
sondern seinen Charakter.

Ohne sittlichen Halt kann man weder Unglück
noch Glück lange ertragen. Der sittliche Mensch
findet in der Erfüllung des Sittengesetzes Frieden,
der Weise findet darin Gewinn.

Wer die Menschenliebe nicht besitzt, kann auf lange Zeit hin sich weder in Armut und Not noch in einem üppigen Leben zurechtfinden. Der Gütige fühlt sich in der Menschenliebe in Frieden geborgen und der Weise schlägt aus der Menschenliebe seinen Gewinn.

Trittst du zur Tür heraus, so handle, als bewillkommnetest du einen fürstlichen Gast. Behandle das Volk, als brächtest du im Heiligtum ein Opfer dar. Was du nicht willst, das man dir tut, das füg auch keinem andern zu. Auf diese Weise wird dich in deinem Lande niemand hassen.

Ein weiser Mensch soll sich in der Großmut auszeichnen. Seine Last ist schwer und der Weg weit; die Menschenliebe ist seine Last, und ist sie nicht schwer? Der Tod bietet ihm ein Ziel, aber ist es bis dahin nicht noch weit?

Entschlossenheit, Mut, Schlichtheit und ein schweigsames Wesen stehen der Menschenliebe am nächsten.

Fan Tschi fragte, was der Kern der Sittlichkeit wäre.

Der Meister sprach:

»Laß dich nicht gehen, auch wenn du allein bist. Nimm es ernst mit allem, was du tust. Sei gewissenhaft, wenn du mit anderen verkehrst. Selbst wenn du unter Barbaren und Wilden leben solltest, darfst du diese Grundsätze nicht außer acht lassen.«

Noch sah ich keinen, der die Menschlichkeit liebte und, was nicht menschlich ist, verabscheute. Für den, der die Menschlichkeit liebt, gibt es nichts, was er noch höher schätzte, und wer, was nicht menschlich ist, verabscheut, wird seine Menschenliebe dadurch bestätigen, daß er nichts, was nicht menschlich ist, sich seiner Person nähern läßt. Gibt es einen, der einen Tag lang seine Kraft im Dienste der Menschenliebe zu üben fähig ist? Ich habe noch nie gesehen, daß dann seine Kraft nicht ausreichte. Ob es solche Fälle auch gibt, gesehen habe ich noch keinen.

Nur wenige kennen
das Wesen der Tugend.

Manche ehrbaren Leute im Lande sind nichts anders als Räuber der Tugend.

Wenn du dein Sinnen und Trachten ernsthaft auf Menschlichkeit richtest, so wird das Böse allmählich von selbst überwunden.

Der Meister sprach:
»Mein Weg hat eins, was alles durchdringt.«
Meister Dseng erwiderte:
»Ja, so ist es.«
Dann ging der Meister fort. Die Jünger fragten:
»Was meint der Meister damit?«
Dseng erwiderte:
»Des Meisters Lehre ist: Wahrhaftigkeit zu sich selbst und Nachsicht gegenüber den Nächsten.«

Der tugendhafte Mensch bildet den Charakter der anderen, indem er seinen eigenen Charakter bildet. Er klärt die anderen auf, indem er sich selber aufklärt.

Dsi Gung fragte den Meister:
»Gibt es ein Leitwort, nach dem man das ganze Leben hindurch handeln muß?«
Der Meister erwiderte:
»Ja, das gibt es: das Mitgefühl mit den Menschen. Was du nicht wünscht, das man dir tu, das füg auch keinem andern zu.«

In der praktischen Nächstenliebe darf man nicht einmal dem Lehrer den Vortritt lassen.

Alle Menschen auf der Welt sind Brüder.

Ist die Menschenliebe wirklich so fern?
Wünsche ich die Menschenliebe herbei,
so ist sie schon da.

Wer fest und ausdauernd, schlicht und bescheiden ist, kommt dem Guten nahe.

Ein Mann von Charakter und Bildung, ein guter Mensch sucht nicht sein Leben auf Kosten der Sittlichkeit, vielmehr opfert er sein Leben um der Sittlichkeit willen.

Fünf Dinge muß man auf Erden durchführen, dann ist man sittlich vollkommen: Würde, Duldsamkeit, Wahrhaftigkeit, Fleiß und Güte. Würde verhindert Mißachtung, Duldsamkeit gewinnt Zuneigung, Wahrhaftigkeit schafft Vertrauen, Fleiß bringt Erfolg, Güte findet überall Unterstützung.

Nur der wahrhaft Gütige versteht es, die Menschen wirklich zu lieben und das Böse zu hassen.

入望湖山一片畫
西風紅葉耐人愁
大江日夜流千里
獨放扁舟送晚秋
守誠畫

Sich eng an das Gute halten, ist etwas Herrliches. Wer wäre weise wohl zu nennen, der wählen kann und nicht das Gute wählt?

Wenn alle ihren Willen auf das Gute richten würden, gäbe es nichts Schlechtes mehr.

Die Kraft des Sittlichen bleibt nicht allein, sie wird sicherlich Freunde finden.

Vollkommen ist die Tugend der goldenen Mitte. Schon lange ist sie selten geworden.

Der Gute strebt danach, anderen eine Stütze zu sein, wie er selbst gestützt zu werden wünscht, und anderen fortzuhelfen, wie er selbst es wünscht. Sich an dem Nächsten ein Beispiel nehmen zu können, das kann man die richtige Art der Güte nennen.

Die Tugend ist nie allein, sie findet immer Nachbarschaft.

Glatte Worte lockern die Tugend. Hältst du im Kleinen nicht aus, so gehen große Pläne zugrunde.

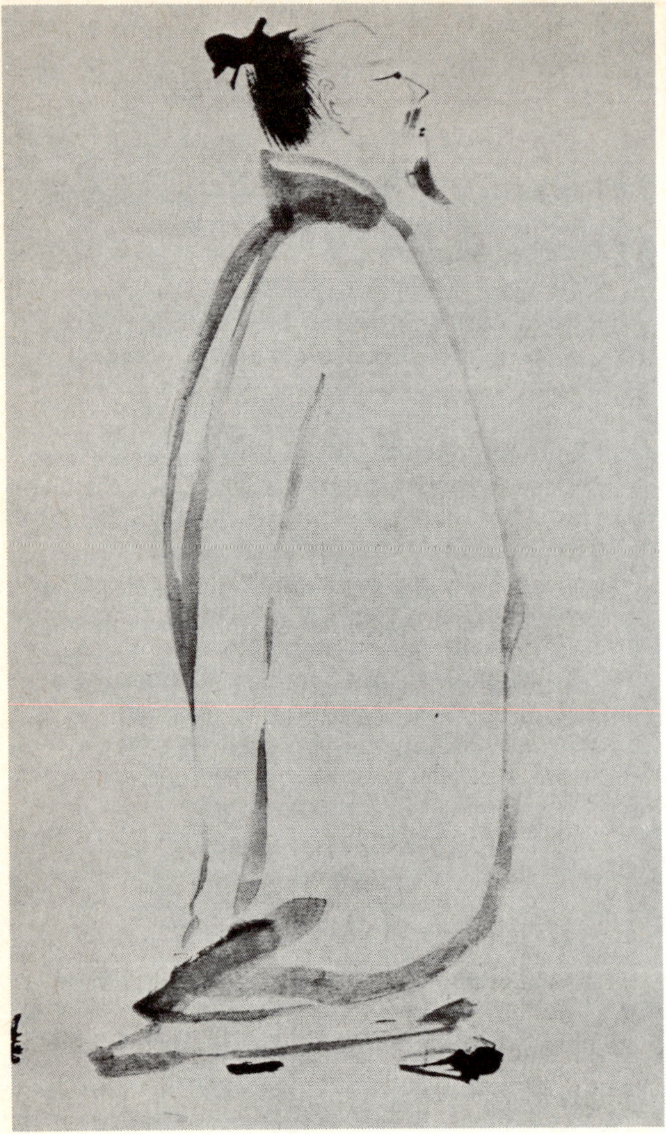

Menschen mit großer Tugend überschreiten nicht die Richtlinien. Menschen mit kleiner Tugend gehen zuweilen aus und ein.

Schmeichelei und Glattzüngigkeit
weisen selten auf einen aufrechten Menschen.

Wer nach sittlichen Grundsätzen regiert, ist dem Polarstern vergleichbar. Er steht stille an seinem Platz und alle Sterne neigen sich vor ihm.

Yen Hui fragte nach dem Wesen des Guten.
Der Meister antwortete:
»Sich selbst bezwingen und den guten Sitten entsprechen, macht das Gute aus. Wer sich einen ganzen Tag lang selbst bezwingen und den guten Sitten entsprechen kann, wird von aller Welt für gut gehalten. Denn, kommt das Gute aus dem eigenen Selbst oder von anderen?«
Yen Hui sprach:
»Ich bitte, noch nach näheren Erläuterungen fragen zu dürfen.«
Da sprach der Meister:
»Nichts, was gegen die guten Sitten verstößt, sehen. Nichts, was gegen die guten Sitten verstößt, hören. Nichts, was gegen die guten Sitten verstößt, reden, und nichts, was gegen die guten Sitten verstößt, tun.«
Yen Hui sprach:
»Wenn ich sie auch nicht ganz begreife, möchte ich doch gern nach diesen Worten handeln.«

Sse-ma Niu fragte nach dem Wesen des Guten,
und der Meister sprach:
»Ein Guter ist in seinen Reden zurückhaltend.«
Jener entgegnete:
»Wäre dann Zurückhaltung im Reden schon das,
was man das Gute nennt?«
Der Meister sprach:
»Wenn das Handeln so schwer ist, kann man dann
anders als zurückhaltend in seinen Reden sein?«

Was ist zur Vollkommenheit eines Menschen von heute nötig? Wer einen persönlichen Vorteil sieht und trotzdem an Rechtlichkeit denkt, wer Gefahr für sein Leben sieht und trotzdem bereit ist, es zu opfern, wer stets der Versuchung widersteht, seine Worte Lügen zu strafen, der kann auch als vollkommener Mensch gelten.

Die Tugend nicht ausüben, lehren und nicht erklären, die Pflicht erkennen und ihr nicht folgen, nicht gut sein und sich nicht ändern, das sind Dinge, die mir Kummer machen.

Wer von sittlichem Charakter ist, wird unbedingt auch etwas zu sagen haben. Wer aber etwas zu sagen hat, ist noch nicht unbedingt von sittlichem Charakter.
Ein Guter wird unbedingt auch tapfer sein, ein Tapferer ist noch nicht unbedingt gut.

Fan Tsch'i fragte nach dem Wesen des Guten, und der Meister sprach:
»Die Menschen lieben.«
Er fragte nach dem Wesen der Erkenntnis und der Meister sprach:
»Die Menschen kennen.«
Als Fan Tsch'i sich nicht ganz darüber klar war, sprach der Meister:
»Wähle das Gerade und merze das Krumme aus, so kannst du das Krumme gerade machen.«

Der Mensch kann seine Grundsätze großartig machen,
nicht aber die Grundsätze machen den Menschen großartig.

Fan Tschi fragte den Meister, wie man sein sittliches Wesen bilden, die geheimen Fehler in Schach halten und die Zweifel aufklären könne.
Der Meister antwortete:
»Wahrhaftig eine gute Frage. Erst die Arbeit und dann der Genuß. Erhöht man dadurch nicht seinen sittlichen Ernst? Seinen eigenen Fehler bekämpfen und nicht die des Nächsten. Hält man dadurch nicht seine geheimen Fehler in Schach? Um den Groll eines Morgens willen sein eigenes Ich vergessen und seinen Groll über die Angehörigen entladen, zeugt das nicht vom Dunkel des Geistes?«

Familie, Staat und Politik

Ein Jüngling sei in seiner Familie voll Ehrfurcht und Liebe gegen seine Eltern, außer dem Haus brüderlich, lauter und aufrichtig, voll großzügiger Zuneigung gegen alle, aber innig verbunden dem sittlich Guten. Wer das alles beherzigt und darüber hinaus noch überschüssige Kraft besitzt, der mag sich dann geistige Bildung aneignen.

Mit der Pflicht eines Sohnes gegen seine Eltern ist es wohl vereinbar, daß er in gewissen Grenzen ihnen widerspricht. Wenn er aber sieht, daß sie nicht die Absicht haben, ihm zu folgen, ist er wiederum ehrfurchtsvoll, ohne ungehorsam zu sein, und müht sich für sie ab, ohne zu murren.

Im öffentlichen Leben seinem Herrscher und der Obrigkeit gegenüber seine Pflicht erfüllen, im privaten Leben der Familie gegenüber seine Pflicht erfüllen, den Verstorbenen die letzten Liebespflichten gewissenhaft erfüllen, beim Wein fähig sein, der Versuchung des Unmaßes zu widerstehen, das muß der Mensch von selber haben, das kann ihm nicht gegeben werden.

Gib weder in deinem öffentlichen Leben im Staat noch in deinem privaten Leben in der Familie Anlaß zur Klage gegen dich.

溪上青
松寺
色開
丹楓映
水似
春花
王守诚

Das Alter der Eltern soll man stets im Gedächtnis haben; es sei Anlaß zur Freude wie auch zur Sorge.

Ist der Vater noch am Leben, so soll der Sohn seines Vaters Willen beachten. Ist der Vater tot, so soll der Sohn seines Vaters Wandel beachten. Der Sohn, der drei Jahre nach dem Tod des Vaters in seinem eigenen Leben nicht abweicht von den Grundsätzen des Vaters, mag ein wirklich guter Sohn genannt werden.

Der Sohn soll seinen Eltern nur selten Vorhaltungen machen. Doch wenn er genötigt ist, dies zu tun, und sieht, daß sie nicht darauf eingehen wollen, so soll er es trotzdem nicht an Achtung fehlen lassen noch ihre Wünsche vernachlässigen. Wieviel Mühe sie ihm auch machen mögen, er soll nie darüber grollen.

Meng Wu fragte, was Kindespflicht wäre.
Der Meister sprach:
»Den Eltern keinen Kummer zufügen, außer durch Krankheit, die nicht in unserer Hand steht. Denkt daran, wie betrübt eure Eltern sind, wenn ihr krank seid, und ihr werdet eure Pflicht gegen sie kennen!«

Si Ma Niü sagte betrübt:
»Alle Menschen haben Geschwister, nur ich habe niemanden.«
Di Hsia antwortete ihm:
»Leben und Tod sind vorherbestimmt, Reichtum und Ansehen kommen vom Himmel. Der edle Mensch wandelt in Ehrfurcht und ohne Tadel. Ist er im Verkehr mit den Menschen ehrfurchtsvoll und schicklich, so sind alle Menschen innerhalb der vier Meere seine Brüder und seine Schwestern. Was sollte der edle Mensch sich da betrüben, weshalb sollte er ohne Geschwister sein?«

Heute glaubt man, seine Pflicht erschöpfe sich darin, seine alten Eltern zu ernähren, aber man ernährt ja auch seine Hunde und Pferde. Wenn man der Ehrfurcht ermangelt, worin besteht dann noch der Unterschied?

Kindesliebe und Geschwisterliebe, dies sind die Wurzeln der Menschenliebe.

Wenn man durch Gesetze regieren und durch Strafen Ordnung schaffen will, weicht das Volk aus und empfindet keine Scham. Bemüht man sich aber, das Volk durch die Kraft des tugendhaften Wesens zu leiten und durch die Schicklichkeit die Ordnung aufzubauen, so erwacht im Volke die Scham und es vollendet sich im Guten.

Frage:
»Was muß man tun, um im Volke die Ehrfurcht und Loyalität zu fördern?«
Der Meister:
»Um dies zu erreichen, zeige Würde, dann wird im Volke die Ehrfurcht erwachen. Fördere kindliche Liebe und Zuneigung, so stärkst du die Loyalität. Erhebe die Guten und belehre die Unfähigen, so schreitet das Volk im Guten voran.«

Wenn Recht und Gesetz im Staate herrschen, kann man ebenso kühn reden wie man handelt. Wenn es weder Recht noch Gesetz gibt, kann man vielleicht kühn handeln, muß aber vorsichtig in seinen Reden sein.

Wer nicht bereit ist, ein Amt zu übernehmen, der weiß nicht, was Pflicht ist.

Wenn die Oberen die guten Sitten lieben, wird das Volk leicht zu leiten sein.

Gi Kang fragte den Meister, was Regieren bedeutet.
Der Meister sprach:
»Regieren heißt Ordnen. Wenn du das Volk durch den Geist der Ordnung leitest, wer würde es da wagen, die Ordnung nicht einzuhalten!«

雨餘芳樹淨無塵草色蒙
茸淺帶春
辛酉春日 守誠寫

Wer wahrhaftig und gebildet ist und standhaft bis zum Tode auf dem Weg der Rechtlichkeit gehen will, soll kein Land betreten, wo Umsturz droht, und nicht leben in einem Lande, wo Gesetzlosigkeit herrscht. Wo aber Gerechtigkeit und Ordnung ist, da soll er sich hervortun, wo Ungerechtigkeit und Unordnung ist, da soll er nicht auffallen. Wenn im Land Gerechtigkeit und Ordnung herrschen, so ist es eine Schande, arm und ohne Ansehen zu sein. Doch wenn im Land Ungerechtigkeit herrscht, so ist es eine Schande, reich und geehrt zu sein.

Wenn einer selbst rechtschaffen ist, ordnet sich alles von selbst, auch wenn er nicht befiehlt. Ist er aber ein Mann von unlauterem Charakter, so mag er befehlen, so viel er will: es folgt niemand.

Dsi Lu fragte den Meister, wie man dem Fürsten dienen solle.
Der Meister antwortete:
»Ihn nicht betrügen, aber den Mut besitzen, ihm zu widersprechen.«

Soll man mit den gemeinen Strebern im Staatsdienst zusammenarbeiten? Was sie heute noch nicht erreicht haben, suchen sie morgen mit vielen Mühen zu erreichen, haben sie es geschafft, so ängstigen sie sich, ihre Position zu verlieren; ängstigen sie sich aber, ihre Position zu verlieren, so scheuen sie kein Mittel.

Dsi Gung fragte den Meister:
»Wenn einer bei all seinen Landsleuten beliebt ist, was ist das für ein Zeichen?«
Der Meister erwiderte:
»Das besagt noch nichts.«
Dsi Gung:
»Was dann, wenn einer von all seinen Landsleuten gehaßt wird?«
Der Meister:
»Auch das besagt noch nichts. Viel wichtiger ist es, daß die Guten von ihren Landsleuten geliebt und die Bösen gehaßt werden.«

Als der Minister Ki K'ang fragte, wie man das Volk dazu bringen könnte, in Demut und Treue zu wetteifern, antwortete der Meister:
»Führe sie mit Festigkeit, dann werden sie demütig sein. Geh ihnen in Ehrfurcht und Liebe mit gutem Beispiel voran, dann werden sie treu sein. Erhebe die Tüchtigen und belehre die Untüchtigen, dann werden sie miteinander wetteifern.«

Dsi Hsia fragte, was zu einer guten Regierung gehöre.
Der Meister sprach:
»Überhaste nichts und sei nicht auf kleine Vorteile aus. Wer die Dinge überhastet, erreicht nichts Gründliches und Gutes; wer auf kleine Vorteile aus ist, bringt kein großes Werk zustande.«

Wenn du einem Fürsten dienst, so denke in erster Linie an deine Pflicht und dann erst an deine Einkünfte.

Es gibt ein Sprichwort, das sagt: Wenn ein Land hundert Jahre lang von tüchtigen und rechtschaffenen Männern geleitet würde, so könnte man mit Verbrechern auch ohne Todesstrafe fertig werden. – Das ist ein wahres Wort.

Tse-lu fragte nach dem Wesen der Regierung.
Der Meister antwortete:
»Gehe dem Volk voran und bemühe dich um es.«
Als er um mehr bat, sprach der Meister:
»Sei darin unermüdlich.«

Jemand fragte:
»Was würdest du sagen, wenn man Unrecht mit Güte vergelten wollte?«
Der Meister sagte:
»Womit wolltest du dann Güte vergelten?
Mit Gerechtigkeit soll man Unrecht, mit Güte soll man Güte vergelten.«

Als der Herzog von Sche Konfuzius nach dem Wesen der Regierung fragte, antwortete der Meister:
»Wenn die Nächsten glücklich sind, werden die Fernsten herbeikommen.«

Wer sich selbst beherrscht, welche Schwierigkeiten sollte der bei der Ausübung der Regierung haben? Wer sich selbst nicht zu beherrschen vermag, wie könnte der andere Menschen beherrschen?

Wahre im Verkehr mit den Menschen Würde! Dann wird das Volk ehrerbietig sein. Habe Achtung vor den Menschen und Mitempfinden! Dann wird dir das Volk treu sein. Verwende in öffentlichen Ämtern tüchtige, rechtschaffene Männer und sorge für die Belehrung der Unwissenden! So wird sich das Volk zum Besten des Landes anstrengen.

Ki K'ang fragte Konfuzius nach dem Wesen der guten Regierung.
Konfuzius antwortete:
»Regierung ist Recht-machen. Wenn du recht führst, wer wird dann wagen, nicht recht zu handeln?«

Tsche-tschang fragte nach dem Wesen einer guten Regierung.
Der Meister sprach:
»Unermüdlich in den Grundsätzen verharren und sie getreulich durchführen.«

Ki K'ang fragte Konfuzius nach dem Wesen der guten Regierung:
»Soll man die Gesetzlosen töten, um dadurch dem Gesetz Geltung zu verschaffen?«
Konfuzius antwortete:
»Wozu brauchst du bei der Regierung zu töten? Wenn du eifrig das Gute erstrebst, wird das Volk schon gut werden. Die sittlichen Eigenschaften des Edlen gleichen dem Winde. Die Eigenschaften des kleinen Mannes gleichen dem Gras. Wenn der Wind sanft über das Gras streicht, beugt es sich.«

Wenn anständige Charaktere die rechte Bildung erwerben, werden sie gegen die Menschen gütig; wenn das Volk erzogen wird, so läßt es sich leicht regieren.

Nur den nenne ich einen Staatsmann von Bedeutung, der seinem Fürsten dient, wie es Vernunft und Pflicht ihm vorschreiben, und der zurücktritt, wenn er findet, daß dies nicht möglich ist.

半窗春雨

Dsi Gung fragte nach der rechten Art der Staatskunst.
Der Meister antwortete:
»Hinreichende Nahrung, eine genügende Streitmacht, und Vertrauen des Volkes.«
Dsi Gung fragte abermals:
»Wenn man aber unvermeidlich auf eins von diesen dreien verzichten müßte, welches käme dann in Frage?«
Der Meister:
»Die Streitmacht.«
Dsi Gung fragte abermals:
»Wenn man von den restlichen zwei auf eins verzichten müßte, was käme dann in Frage?«
Der Meister antwortete ihm:
»Man verzichte auf die Nahrung. Seit alters her sterben alle Menschen. Jedoch ohne Vertrauen zur Regierung kann kein Volk bestehen.«

Es ist pflichtvergessen, kein öffentliches Amt anzunehmen. Wenn es schon unrecht ist, seine Pflichten gegen die Familie nicht zu erfüllen, wie kann es da recht sein, seine Pflichten gegen Fürst und Land nicht zu beachten? Ein Mann, der sich nur deshalb von der Welt zurückzieht, um die Reinheit seiner Grundsätze darzutun, bringt Störung und Verwirrung in die Beziehungen der Menschen. Der höhere Mensch, der ein öffentliches Amt annimmt, tut nur seine Pflicht. Daß die richtigen Grundsätze nicht immer durchdringen, das weiß er wohl, aber er müht sich, den Schaden zu heilen.

Ehrerbietig sein gegen seine Eltern und brüderlich gegen seine Brüder! Auch dies sind öffentliche Pflichten! Warum soll nur der, der ein Amt inne hat, den Staat fördern können?

Man kann das Volk dazu bringen, das Rechte zu tun, man kann es aber nicht dazu bringen, das Rechte zu begreifen.

Drei Freundschaften bringen Nutzen und drei bringen Schaden. Freundschaft mit geraden, aufrichtigen und vielseitigen Menschen bringt Gewinn. Freundschaft mit Hinterhältigen, Schmeichlern und Schwätzern bringt Unheil.

Wer einen Staat verwalten will, der muß sich selbst in den Schranken guter Sitte halten.

Wer bemerkt, daß es um den Staat schlecht bestellt ist, und sich nicht um seine Rettung sorgt, der handelt treulos.

Der edle Mensch

Der Edle trifft sich mit seinen Freunden durch die Schriften und durch die Freundschaft fördert er die wahre Menschenliebe.

Der edle Mensch schätzt die Pflicht am höchsten. Besitzt ein einflußreicher Mann Mut ohne Pflichtgefühl, so neigt er zum Aufruhr. Besitzt der Gemeine Mut ohne Pflichtgefühl, so wird er zum Dieb.

Si Ma Niü fragte nach dem Wesen eines edlen Menschen.
Der Meister antwortete:
»Der Edle ist in seinem Herzen nicht betrübt und er fürchtet sich nicht.« Der Jünger erwiderte:
»Liegt etwa in dem Nichtbetrübtsein und der Furchtlosigkeit das Wesen des Edlen?«
Der Meister antwortete:
»Der Edle sieht in sein Inneres und findet die Menschenliebe. Was sollte er da betrübt sein und was sollte er fürchten?«

Den Edlen kann man nicht an Kleinigkeiten erkennen, wohl aber mit großen Aufgaben betrauen. Den kleinen Mann kann man nicht mit großen Aufgaben betrauen, wohl aber an Kleinigkeiten schon erkennen.

Der Edle ist seinen sittlichen Grundsätzen treu, aber niemandem blindlings ergeben.

Auf neun Dinge ist der Edle bedacht. Beim Schauen ist er bedacht auf Klarheit, beim Hören ist er bedacht auf Deutlichkeit, in seinen Mienen auf Liebenswürdigkeit, in seinem Benehmen auf Höflichkeit, in seinen Worten auf Verläßlichkeit, in seinen Taten auf Achtsamkeit. Bei Zweifeln ist er darauf bedacht, sich zu unterrichten, und bei Ärger bedenkt er die Schwierigkeiten, die daraus erwachsen können. Steht Gewinn in Aussicht, ist er darauf bedacht, was recht ist.

Die Verfehlungen des Edlen sind wie Sonnen- und Mondfinsternisse. Wenn er fehlt, blicken alle auf ihn. Wenn er sich bessert, blicken alle zu ihm auf.

Der edle Mensch erhebt den Menschen nicht nach seinen Worten und verwirft aufgrund der Menschen nicht ihre Worte.

Setze das, was du zu sagen gedenkst, erst in die Tat um, und dann richte dich in deinen Worten danach.

Für einen Edlen genügt ein Wort, um als wissend zu erscheinen, und ein Wort, um als unwissend zu erscheinen. Deshalb kann man in seinen Worten nicht vorsichtig genug sein.

Als Tse-lu fragte, was den Edlen ausmache,
antwortete der Meister:
»Sich selbst erziehen und zu allen respektvoll
sein.«
Jener fragte:
»Ist das alles?«
Der Meister sprach:
»Sich selbst erziehen und andere zufrieden
machen.«
Jener fragte:
»Ist das alles?«
Der Meister sprach:
»Sich selbst erziehen und das ganze Volk zufrieden
machen.«

Der Edle hält die Gerechtigkeit für das Wesentliche:
gemäß den Regeln des Anstands übt er sie, mit Bescheidenheit äußert er sie, mit Aufrichtigkeit vollendet er sie. Das ist die Art des Edlen.

Der Edle stellt Ansprüche an sich selbst, der kleine Mann stellt Ansprüche an andere.

Der Edle ist ehrgeizig, aber nicht eifersüchtig, er hat Gemeinschaftssinn, aber macht sich nicht gemein.

水滿春江暖
融融小艇輕
無邊蒼樹色
縈繫故鄉情
壬戌冬
宇誠

桃花紅經斷橋邊
楊柳垂陰散綠煙
王字誠寫

Der Edle schätzt einen Menschen nicht nach seinen Worten und verwirft nicht gute Worte um des Menschen willen, der sie gesagt hat.

Der Edle denkt an den rechten Weg und nicht ans Essen. Auch ein Bauer, der sein Feld bestellt, mag wohl noch von Hungersnot betroffen werden, und ein Gelehrter, der nur seinen Studien obliegt, mag schließlich doch noch ein Gehalt bekommen, darum sorgt sich der Edle um den rechten Weg und nicht darum, daß er arm ist.

Dem Edlen ist leicht zu dienen, aber schwer zu gefallen, denn wenn man ihm auf unrechtmäßige Weise einen Gefallen tun will, wird ihm das nicht gefallen. Und wenn er sich anderer bedient, richtet er sich nach ihren Fähigkeiten. Dem kleinen Mann ist schwer zu dienen, aber leicht zu gefallen. Wenn man ihm einen Gefallen tut, und sei es auch auf unrechtmäßige Weise, wird ihm das gefallen. Und wenn er sich anderer bedient, verlangt er, daß sie alles können sollen.

Der Edle ist würdevoll, aber nicht stolz. Der kleine Mann ist stolz, aber nicht würdevoll.

Der Fortschritt des Edlen ist aufwärts gerichtet, der Fortschritt des kleinen Mannes ist abwärts gerichtet.

Der Edle ist zurückhaltend in seinen Worten, aber unübertrefflich in seinen Taten.

Dreifach ist der Weg des Edlen. Ich bin noch nicht imstande gewesen, ihn zu gehen. In seiner Güte wird er von Sorge nicht beengt, in seiner Weisheit wird er von Zweifeln nicht beirrt, in seinem Mut wird er von Furcht nicht gehemmt.

Tze-kung sagte:
»Hat der Edle auch solche, die er haßt?«
Der Meister sagte:
»Ja, er hat auch solche, die er haßt. Er haßt diejenigen, welche die schlechten Eigenschaften anderer verbreiten, er haßt diejenigen, die, selber in niedriger Stellung befindlich, ihre Vorgesetzten verleumden, er haßt diejenigen, die tapfer sind, aber die Regeln des Anstandes nicht besitzen, er haßt diejenigen, die kühn und entschlossen, dabei aber beschränkt sind.«

Wenn der Edle nicht ernst ist, findet er keine Achtung und wird in seiner Bildung nicht gefestigt sein, darum halte dich an die lautere Wahrheit und habe nie einen Freund, der deiner nicht wert ist. Wenn du aber gefehlt hast, scheue dich nicht, deinen Fehler wieder gut zu machen.

Der Edle ist leutselig, aber nicht schmeichlerisch, der geringe Mensch ist schmeichlerisch, aber nicht leutselig.

Der Edle steht der Welt ohne Vorliebe und ohne Vorurteil gegenüber. Er hält sich allein an das Rechte.

Der Edle denkt an Ideale, der kleine Mann denkt an Irdisches. Der Edle strebt nach Gerechtigkeit, der kleine Mann nach Gunst.

Ki Tse-tsch'eng sprach:
»Das Wesen des Edlen besteht nur in seinem Inhalt. Wozu braucht er da noch die Formen der verfeinerten Bildung?«
Tse-kung entgegnete:
»Ein Jammer, wie du über den Edlen sprichst. Wahrlich, schneller als die schnellsten Rosse ist die Zunge. Form ist Inhalt und Inhalt ist Form. Eine enthaarte Haut eines Tigers oder Leoparden ist nur wie die enthaarte Haut eines Hundes oder Schafes.«

Der Edle sucht, anderen Gutes und nicht Böses zu tun. Der kleine Mann tut gerade das Gegenteil davon.

Der höhere Mensch ist beharrlich, aber nicht hartnäckig.

Der Edle ist langsam in seinen Worten und klug in seinem Handeln.

Nicht überall Betrug wittern noch sich immer Treulosigkeit einbilden, aber dennoch fühlen, wenn sie vorhanden sein sollten. Wer dies kann, der mag wohl überlegen sein.

Wenn die Natur die Bildung überwiegt, so ist man nur ein Bauer. Wenn die Bildung die Natur unterdrückt, dann ist man nur eine Schreiberseele. Erst wenn Bildung und Natur harmonisch ausgeglichen sind, ist man ein Edler.

Ein edler Mensch schämt sich nicht, zu lernen und zu fragen. Fragen und Forschen sind die Wurzel des Wissens; Denken und Nachsinnen der Weg.

Der Edle ist ausgeglichen und gelassen. Der kleine Mann ist immer voll Angst und Sorge.

Wer den Willen des Himmels nicht kennt, aus dem wird nie ein Edler.
Wer die Schicklichkeit nicht kennt, der kann nicht bestehen.
Wer die Worte des Menschen nicht kennt, der kennt auch nicht die Menschen.

Der Edle kennt nur die Gerechtigkeit, der geringe Mensch kennt nur seinen eigenen Vorteil.

Ein Mensch von innerem Wert ist zurückhaltend in seinem Wort. Wer sieht, wie schwierig es ist, richtig zu handeln, wie kann der in seinen Worten anders sein als zurückhaltend?

Der Edle beachtet, was Schönes in anderen ist, nicht beachtet er, was Häßliches in anderen ist. Das Umgekehrte tut der Mensch gemeinen Schlags.

Der Edle wahrt, wo er etwas nicht versteht, doch wohl Zurückhaltung.

Dsi Lu fragte:
»Kann der höhere Mensch auch in Not kommen?«
Der Meister sprach:
»Der höhere Mensch erträgt mit Fassung jede Not; kommt dagegen der gewöhnliche in Not, so wird er rücksichtslos und aufbegehrend.«

Der Edle ist gesetzt und verabscheut den Hochmut. Der Gemeine ist überheblich und kennt kein Maß.

Der Edle ist friedliebend und selbständig, der Gemeine unselbständig und zänkisch.

Wer den Willen des Himmels nicht erkennt, kann kein höherer Mensch sein.

Ist ein edler Mensch nicht gesetzt, so besitzt er keine Würde, und sein Lernen ist oberflächlich.

Der Edle ist geschickt in hohen Dingen, der Gemeine in niedrigen.

Drei Leitsätze halte ein Edler in Ehren: in seiner Erscheinung und in seinem Handeln halte er sich fern von Roheit; er beherrsche seinen Gesichtsausdruck, damit er Vertrauen einflößt; in seinen Worten halte er sich fern von Gemeinheit und Gewöhnlichkeit.

Ich habe immer gehört, daß der anständige Charakter nur dem wirklich Bedürftigen hilft und nicht noch den Reichtum der Reichen mehrt.

Der Edle stellt seine Anforderungen an sich selbst, der Gemeine an andere.

Ein edler Mensch steht in der Not fest, der Gemeine empört sich.

Der Edle sorgt sich um die Wahrheit und trauert nicht um die Armut.

Der edle Mensch erscheint in dreifachem Gewande: von weitem erscheint er streng und würdevoll, im Verkehr ist er lauter Güte, aus seinen Worten spricht Festigkeit.

Der Edle hütet sich vor dreierlei. In der Jugend, wenn die Lebenskräfte noch nicht gefestigt sind, hütet er sich vor der Sinnlichkeit. Wenn er das Mannesalter erreicht, wo die Lebenssäfte in voller Stärke sind, hütet er sich vor der Streitsucht. Wenn er das Greisenalter erreicht, wo die Lebenskräfte schwinden, hütet er sich vor dem Geiz.

Der edle Mensch,
der gegen die Menschlichkeit verstößt,
hört auf, edel zu sein.

Wenn die Begriffe nicht richtig sind, so stimmen die Worte nicht; und stimmen die Worte nicht, so kommen die Werke nicht zustande. Darum sorge der Edle, daß er seine Begriffe unter allen Umständen zu Worten bringen kann und seine Worte unter allen Umständen zu Taten machen kann. Der Edle duldet nicht, daß in seinen Worten irgend etwas in Unordnung ist. Das ist es, worauf alles ankommt.

Ein edler Mensch wirbt erst um das Vertrauen zu seiner Wahrhaftigkeit, dann erst bemüht er seine Untergebenen. Hat er ihr Vertrauen noch nicht gewonnen, so läuft er Gefahr, daß sie ob des Dienstes ihm grollen. Besitzt er das Vertrauen seines Vorgesetzten, so darf er ermahnen; gewann er dieses Vertrauen aber nicht, so hält dieser die Ermahnungen für Anschuldigungen.

Pflichtgefühl als Grundlage, Schicklichkeit im Handeln, Bescheidenheit im Benehmen, Gewissenhaftigkeit in der Durchführung: das ist wahrhaft ein edler Mensch.

Schlägt im Menschen die geistige Kraft die Schicklichkeit, so ist der Mensch ein ungehobelter Bauer; überwiegt die Schicklichkeit die geistige Kraft, so wird der Mensch zum Bürokraten; paart sich die geistige Kraft und die Schicklichkeit in schöner Harmonie, so wird aus dem Menschen ein Edler.

Lebensregeln und Lebensweisheiten

Schaue auf die Taten eines Mannes, erwäge seine Beweggründe und prüfe, woran er Befriedigung findet. Wie kann ein Mensch sein inneres Wesen verbergen, wie kann ein Mensch sein inneres Wesen verbergen?

Dir selbst sollst du alles abfordern, von anderen aber wenig erhoffen.

Wer nicht die Zukunft berücksichtigt, den trifft in der Gegenwart Kummer.

Wer Menschen beurteilt, hüte sich vor billigem Tadel und vor billigem Lob.

Wenn man in den Grundsätzen nicht übereinstimmt, kann man einander keine Ratschläge geben.

Durch ihre ursprüngliche Natur stehen sich die Menschen nahe, durch die Gewohnheit entfernen sie sich wieder.

Zunächst die innere Haltung, dann erst die äußere Form! Es ist wie beim Malen, wo man die weißen Lichter zuletzt aufsetzt.

Es gibt drei Arten von Freundschaft, die fördernd sind, und drei Arten, die schädigend sind. Freundschaft mit Aufrichtigen, Treuen und vielseitig Gebildeten ist fördernd, Freundschaft mit Blendern, Schmeichlern und Schönrednern ist schädigend.

Arm sein ohne zu grollen, ist schwer; reich sein ohne übermütig zu sein, ist leicht.

Ehrfurcht ohne schickliches Maß erzeugt Leid; Besonnenheit ohne schickliches Maß wird zur Furchtsamkeit; Mut ohne schickliches Maß artet in Unbotmäßigkeit aus; Gradheit ohne schickliches Maß ist nichts anders als Grobheit.

Wer aus der Sucht nach Gewinn handelt, erntet viel Groll.

Wer in großen Dingen nie die Schranken überschreitet, kann sich in kleinen Dingen frei bewegen.

Man kann drei Armeen ihren General gefangen nehmen, einem Mann aber nicht seinen Willen rauben.

Dsi Gung fragt nach dem Wesen der Freundschaft. Der Meister antwortete:
»Sich aufrichtig Ermahnungen geben und sich einander auf den guten Weg führen. Ist dies unmöglich, so lasse man ab. Entehre nicht dich selbst.«

Alles hören und in dich aufnehmen, doch nicht urteilen über etwas, worüber du noch im Zweifel bist; über den Rest vorsichtig und zurückhaltend reden, so wirst du den Menschen wenig Gelegenheit geben, deine Worte zu tadeln. Alles sehen, doch was dich in Gefahr bringen könnte, fern halten und vermeiden; beim Rest behutsam sein in dem, was du tust, so wirst du wenig zu bereuen haben. Wenn du in deinen Worten wenig Gelegenheit zu Tadel gibst und in deinen Handlungen wenig zu bereuen hast, so wirst du sicher Gewinn haben.

Wer sich nach außen den Anschein von Kraft gibt, aber innerlich morsch ist, ist er nicht wie ein kleiner Mann, ja sogar wie ein Dieb, der in die Fenster einbricht oder über die Mauern klettert?

Wer wenig wünscht, verliert selten.

Dsi Dschang fragte den Meister:
»Was muß man tun, um in der Welt gebraucht zu werden?«
Der Meister antwortete:
»Bist du in deinen Worten gewissenhaft und wahr, in deinen Taten eifrig und ehrerbietig, so wirst du überall gebraucht werden, ob du dich im Norden oder Süden aufhältst. Bist du aber in deinen Worten unzuverlässig und unwahr, in deinen Taten nicht eifrig und unehrbietig, wirst du auch in deiner nächsten Umgebung nicht gebraucht werden.«

Nur die Allerweisesten und die Allerdümmsten ändern sich niemals.

Spitzfindige Worte verwirren nur die guten Eigenschaften. Ist man in kleinen Dingen nicht geduldig, bringt man die großen Vorhaben zum Scheitern.

Wer viel von sich selbst und wenig von anderen verlangt, wird Kummer von sich fern halten.

So wenig einer, der liebt, ohne sorgenvolles Mühen sein kann, kann einer, der treu ist, ohne aufrichtige Ermahnung sein.

Die Fehler der Menschen wirken sich auf ihre Umgebung aus. Die Fehler betrachten, heißt das Gute erkennen.

Was alle hassen, das muß man prüfen!
Was alle lieben, das muß man prüfen!

Richte deinen Willen auf die rechte Bahn. Halte fest an dem rechten Tun. Stütze dich auf das Gute und erfreue dich am Schönen.

Wer würde nicht willig ernsthafte Ermahnungen annehmen. Aber es kommt darauf an, sich zu bessern. Wer würde sich nicht über freundlichen Rat freuen, aber es kommt darauf an, sich auch daran zu halten. Sich freuen und sich nicht daran halten, annehmen und sich nicht bessern, was soll man damit anfangen?

Menschen mit inneren Werten müssen nie allein sein – sie gewinnen leicht Freunde.

Wenn du Versprechen machst, die sich eng an das Recht halten, mußt du dein einmal gegebenes Wort einlösen. Wenn du in der Höflichkeit dich eng an die schickliche Form hältst, vermeidest du Schmach und Schande. Wenn du dich einem anschließt, der dein Vertrauen nicht enttäuscht, dann vertraue ihm restlos.

Nach Reichtum und Ehre trachten die Menschen; doch kann man sie nicht auf ehrbarem Weg gewinnen, so soll man ihnen entsagen. Armut und Bedeutungslosigkeit verachten die Menschen; doch kann man ihnen nicht auf ehrbarem Weg entrinnen, so soll man sie ertragen.

Der Mensch ist von Natur aufrichtig. Wenn er aufhört, dies zu sein, so verliert er Glück und rechten Weg im Leben.

Wenn du einen wertvollen Menschen triffst, so mach dir Gedanken darüber, wie du ihm gleich werden kannst. Wenn du einen minderwertigen triffst, so geh in dich und prüfe dich, ob du ihm nicht gleichst.

Übers Ziel hinausschießen ist ebenso schlimm, wie nicht ans Ziel kommen.

Wer das Morgen nicht bedenkt, wird Kummer haben, bevor das Heute zu Ende geht.

Fordere viel von dir selbst und erwarte wenig von anderen! So wird dir Ärger erspart bleiben.

Zu sehen, was recht ist, und es gegen seine Einsicht nicht tun, ist Mangel an Mut.

Mache Gewissenhaftigkeit und Aufrichtigkeit zu deinem obersten Grundsatz.

Wer den Gewinn sieht und doch sich von der Gerechtigkeit leiten läßt; wer der Gefahr ins Auge schaut und sich nicht scheut, sein Leben zu opfern; wer seine vor Jahren gemachten Versprechungen nicht vergißt, den kann man als ausgewachsenen Mann betrachten.

Luxus und Verschwendung führt zu Unbotmäßigkeit, Sparsamkeit zu Enge und Kleinlichkeit. Aber immer noch besser als Unbotmäßigkeit ist Enge und Kleinlichkeit.

Der scharfsinnige Mensch ist wie klares Wasser, das ergötzt; der gütige ist wie ein Gebirge, das ergötzt. Der scharfsinnige Mensch ist immer tätig, der gütige in sich ruhend. Der scharfsinnige hat viele Freuden, der gütige ein langes Leben.

Auf Verleumdungen nicht hören, die unmerklich Einfluß gewinnen, und auf Klagen nicht achten, die langsam ihre Wirkung tun, das kann man Klarheit des Geistes nennen.

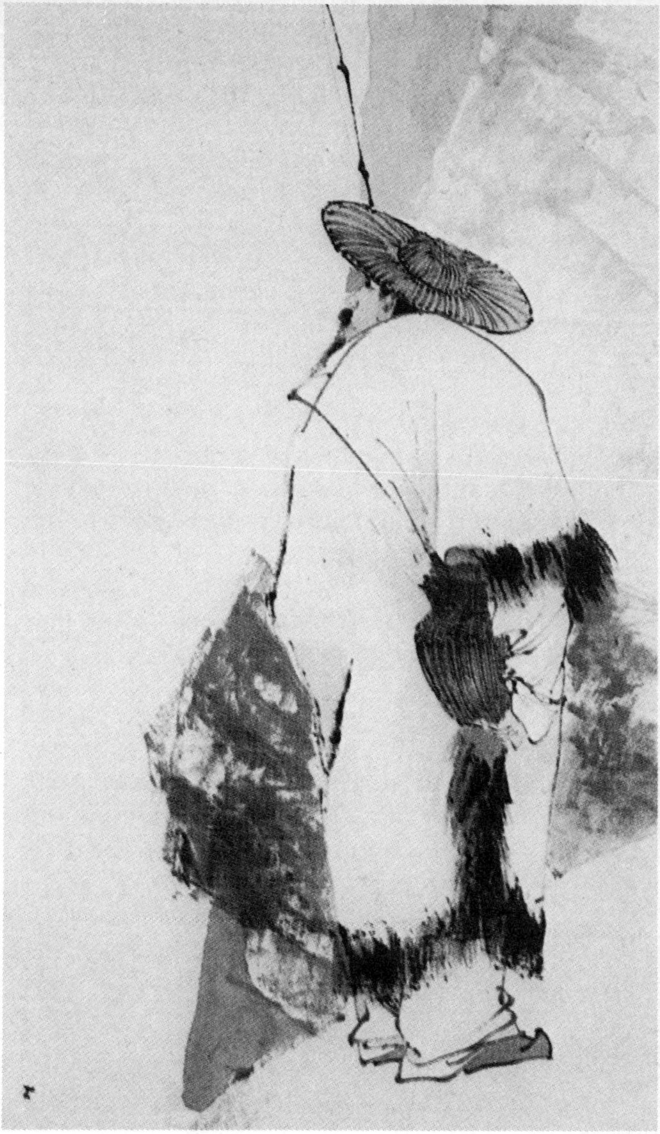

Hat man einen Hügel aufgeschüttet und er ist fertig bis auf einen einzigen Korb Erde, tut aber den nicht mehr dazu, so ist dies für mich Stillstand. Hat man auf ebenem Boden erst einen einzigen Korb Erde aufgeschüttet, arbeitet aber weiter, so ist dies für mich Fortschritt.

Wer nicht ständig zu sich selber sagt: Wie soll ich dies tun und jenes meiden? Mit dem ist nichts anzufangen.

In den Straßen Gemeinplätze verkünden, die ihr am Wege aufgelesen habt, das heißt all eure besseren Empfindungen preisgeben.

Wer nicht den Wert der Worte kennt, kann die Menschen nicht kennen.

Schau, was einer tut, bedenke, warum er es tut, und forsche, woran er Freude hat. So kann sich kein Mensch vor dir verbergen und keiner kann dich hintergehen.

Hast du gefehlt, so zögere nicht, umzukehren.

Was nützt Zungenfertigkeit? Wer den anderen immer mit seiner Zungenfertigkeit entgegentritt, zieht sich häufig nur ihre Abneigung zu.

Wer gegen den Himmel sündigt, hat niemanden, zu dem er beten kann.

Alles Gegenwärtige ruht auf dem Vergangenen. Was man von der Vergangenheit entnahm und Neues dazu tat, kann man wissen. Die Zukunft setzt die Gegenwart voraus, und wenn es hundert Generationen wären, man kann die Gesetze des Weltgeschehens erkennen.

Wer sich aus allem herausredet,
den soll man verachten.

Das schlimmste ist,
wenn man sich selbst vergißt.

Ein Mensch ohne Glauben –
was soll ich von ihm halten?
Ist ein Wagen ohne Deichsel,
ist ein Karren ohne Gestänge –
wie könnte man sie
von der Stelle bewegen?

Zwar kennen alle Menschen
die Schönheit des rechten Wegs,
doch niemand
bringt es über sich, ihm zu folgen.

Wenn gemeine Menschen sich zusammentun,
dann besteht Grund genug,
sich darum zu sorgen.

Wer Pflichten erkennt,
sie jedoch nicht erfüllt,
der hat kein Herz.

Wer Opfer darbringt,
ohne beim Opfern dabei zu sein,
der bräuchte gleich gar nicht zu opfern.

Wer großartige Versprechungen gibt,
wird Mühe haben,
sie zu erfüllen.

Wer Entscheidungen nicht plant,
sondern sich erst dann darum kümmert,
wenn die Entscheidung fallen muß,
der handelt zu spät.

Menschen,
die andere Ideen verfolgen,
kann man nicht
in die eigenen Pläne miteinbeziehen.

Ein Pferd
muß an den Wagen gespannt werden,
damit man es kennenlernt;
mit einem Menschen
muß man zusammenleben,
damit man ihn kennenlernt.

Mancher spricht wenig,
doch wenn er spricht,
trifft er den Kern.

Bedenke:
Die guten Taten eines Lebens
können durch ein Wort
ausgelöscht werden!
Ist da nicht Vorsicht geboten?

Sprüche des Konfuzius

Dreifach ist der Schritt der Zeit:
Zögernd kommt die Zukunft hergezogen,
Pfeilschnell ist das Jetzt entflogen,
Ewig still steht die Vergangenheit.

Keine Ungeduld beflügelt
Ihren Schritt, wenn sie verweilt.
Keine Furcht, kein Zweifeln zügelt
Ihren Lauf, wenn sie enteilt.
Keine Reu, kein Zaubersegen
Kann die Stehende bewegen.

Möchtest du beglückt und weise
Endigen des Lebens Reise,
Nimm die Zögernde zum Rat,
Nicht zum Werkzeug deiner Tat.
Wähle nicht die Fliehende zum Freund,
Nicht die Bleibende zum Feind.

Dreifach ist des Raumes Maß:
  Rastlos fort ohn Unterlaß
  Strebt die Länge, fort ins Weite
  Endlos gießet sich die Breite,
  Grundlos senkt die Tiefe sich.

Dir ein Bild sind sie gegeben:
  Rastlos vorwärts mußt du streben,
  Nie ermüdet stille stehn,
  Willst du die Vollendung sehn;
  Mußt ins Breite dich entfalten,
  Soll sich dir die Welt gestalten;
  In die Tiefe mußt du steigen,
  Soll sich dir das Wesen zeigen.
Nur Beharrung führt zum Ziel,
Nur die Fülle führt zur Klarheit,
Und im Abgrund wohnt die Wahrheit.

Friedrich Schiller

Quellen- und Literaturverzeichnis

Hans Haas, Das Spruchgut des K'ung-tse und Lao-tse in gedanklicher Zusammenordnung, Leipzig 1920

Rudolf von Delius, Kungfutse. Seine Persönlichkeit und seine Lehre, Leipzig 1930

Worte des Konfuzius, übertragen und mit einem Nachwort versehen von Rudolf Wrede, Heidelberg 1948

Gedanken und Gespräche des Konfuzius. Aus dem chinesischen Urtext neu übertragen von Hans D. H. Stange, München 1953

Kungfutse. Die goldene Mitte. Besinnliches aus dem Lun Yü, eingeleitet und übersetzt von Friedrich Thiel, Stuttgart 1950

Konfuzius. Sinnsprüche und Spruchweisheiten, herausgegeben von Jörg Weigand, München 1983

Richard Wilhelm. K'ung-tse und der Konfuzianismus, Berlin/Leipzig 1928

Lun-yü. Gespräche, deutsch von Richard Wilhelm, Jena 1921

E. Schmitt, Konfuzius. Sein Leben und seine Lehre, Berlin 1926